TROIS

PROBLÈMES SOCIAUX

Par M. BUDIN

～⋙⋘～

DOLE

IMPRIMERIE ARMAND FLUSIN

—

1885

TROIS

PROBLÈMES SOCIAUX

PAR M. BUDIN

DOLE

IMPRIMERIE ARMAND FLUSIN

1885

I — *Instruction gratuite à tous les degrés. — Les Magistrats et les fonctionnaires nommés sur les listes de mérite.*

———

II — *Séparation de l'Église de France de l'Église de Rome. — Clergé éclairé et national.*

———

III — *États-Unis d'Europe. — Paix. — 800 millions d'économie par an pour la France et 6 milliards pour l'Europe.*

L'INSTRUCTION GRATUITE

A TOUS LES DEGRÉS

Les Magistrats et les Fonctionnaires nommés sur les listes de mérite

Nous sommes arrivés, au moyen des crèches, des écoles maternelles et des écoles primaires, à instruire gratuitement, aux frais des communes et de l'Etat, environ 660,000 enfants âgés de 13 à 14 ans, dont 330,000 garçons (1).

La République a-t-elle accompli sa tâche? Est-ce là tout le devoir d'un bon gouvernement? Non. On est dans la bonne voie; il ne faut pas s'arrêter en chemin, il faut marcher, faire des efforts pour atteindre le dernier but.

Les constitutions disent bien que *les Français sont tous également admissibles aux emplois civils et militaires,* mais cela n'est pas exact du tout; car, pour être admis aux em-

---

(1) D'après la table de mortalité de Deparcieux, de 1746, le nombre des vivants âgés de 13 à 14 ans, dans une population de 37,000,000 d'habitants, est de 616,822, et, d'après la troisième table de Claudel, de 688,237.

plois, il faut l'instruction secondaire et même supérieure, et pour avoir ces degrés d'instruction, il faut de l'argent.

Et, chose à noter, beaucoup de ceux qui ont de l'argent n'aiment pas l'étude.

Nos collèges sont suivis par de rares élèves, fils de négociants, de gentilshommes, de bourgeois, de petits propriétaires de la ville ou de la campagne. Quelques-uns de ces élèves, et en trop grand nombre, comptant sur la fortune paternelle, regardent l'étude comme une peine, une punition, montrent souvent de l'horreur pour les livres, passent sept à huit ans sur les bancs à désespérer leurs maîtres et, à 17 ou 18 ans, ne sachant rien, obtiennent cependant, par le fait des méthodes ou de la routine, un diplôme de bachelier, — puis, après un stage dans les écoles supérieures, ils parviennent aux emplois publics, que généralement ils remplissent mal.

Pour atténuer ces tristes résultats, on a créé des bourses, qui permettent à des élèves pauvres de faire leurs études secondaires à moitié prix ou gratuitement.

Ces bourses sont rares. Pour les obtenir, il faut les demander, et ce ne sont pas toujours les plus capables qui les demandent. Elles sont hors de portée pour les enfants qui demeurent loin du chef-lieu et qui n'ont personne pour faire les démarches, les sollicitations.

L'élève boursier est souvent gêné vis-à-vis de ses camarades et de ses maîtres, par l'infériorité de sa position.

Une bourse est regardée comme une aumône; elle est presque une humiliation.

Il est de l'intérêt de la France, et d'un suprême intérêt, d'avoir de bons juges, de bons administrateurs, des ingénieurs, des généraux capables.

Pour les avoir, il faut changer le mode de leur recrutement et aller chercher des élèves là où il s'en trouve.

Dans toutes les écoles primaires de ville ou de village, on rencontre un certain nombre d'enfants qui montrent une intelligence et des dispositions étonnantes. Ceux-là aiment l'étude, la science. Il faut souvent, pour les ramener au travail manuel, leur arracher le livre des mains. Ceux-là, doués de bon sens, de lucidité, deviendraient d'excellents médecins, juges, administrateurs, ingénieurs, généraux, s'ils pouvaient continuer leurs études.

A 14 ans, ils ont appris le français et l'arithmétique. Ils ont des notions de littérature, d'histoire, de géographie, de morale, de droit public, de gymnastique, etc.

Ils se trouvent bien préparés pour recevoir l'enseignement secondaire et, ils peuvent, en quatre ou cinq ans parcourir le cercle de ces deuxièmes études : latin, grec, allemand ou anglais, géométrie, algèbre, physique, chimie, géographie, histoire, morale générale, discipline et exercices militaires, etc.

Je serais d'avis que l'on choisît parmi eux les plus capables et qu'on les envoyât directement au lycée du département aux frais de l'Etat.

Les collèges, tels qu'ils exercent, ne seront plus nécessaires, les huit classes étant réduites à quatre ou cinq au plus. De ces collèges, vastes édifices aux trois quarts vides, nous ferions des écoles professionnelles, d'arts et métiers, des asiles d'invalides, etc.

Je formule ainsi ma proposition :

« Seront admis dans les lycées des départements, aux frais de la République, la trentième partie des élèves garçons, choisis parmi les meilleurs qui sortent chaque année des écoles primaires. 1/30 de 330,000 = 11,000.

« A cet effet, les listes de mérite de fin d'année, dressées dans chaque classe par les élèves aidés de leurs maîtres, seront transmises au proviseur, qui convoquera devant une commission d'examen les premiers dixièmes des listes, soit

Le 1er élève, sur une liste de 10,
les 2 premiers   »   20,
les 3   »   »   30, etc.

et, dans ce dixième, les plus capables jusqu'à concurrence d'un tiers seront choisis : 1/3 de 1/10 = 1/30.

« Les frais de voyage des élèves convoqués sont à la charge de l'Etat.

« Les élèves admis aux lycées sont internés et sous une discipline militaire.

« Ils établissent tous les mois, au concours et avec l'aide de leurs professeurs, les listes de capacité et de mérite.

« Les listes de fin d'année sont publiées dans les journaux et chaque élève reçoit un certificat constatant le rang qu'il a obtenu dans chaque branche d'étude et le nombre de ses condiciples.

« Sur la demande des parents et à leurs frais, seront admis dans les lycées les élèves qui n'auraient pas été élus dans les concours et examens, mais qui justifieraient avoir reçu l'instruction primaire.

« Les listes de mérite ne distinguent pas les élèves de l'Etat des élèves payants.

Écoles supérieures ou tertiaires

« Les élèves sortant des lycées et portés sur la première moitié des listes de mérite seront admis, sans nouvel examen, aux écoles : normale, polytechnique, ecclésiastique, de droit, de médecine, d'administration, des forêts, des beaux-arts, navale, militaire, etc.

« Si les options pour quelques-unes de ces écoles étaient trop nombreuses, dépassant les places libres et les besoins des services, il serait procédé à des concours d'élimination. Les élèves éliminés auraient à faire choix d'une autre école.

« Les élèves seront internés et sous la discipline militaire.

« Les trousseaux, frais de voyage, d'entretien, d'instruction, etc., seront à la charge de la République.

« On admettra dans ces écoles des élèves payants, justifiant qu'ils ont reçu l'instruction des lycées.

« A la fin de la dernière année d'étude, les listes de mérite des écoles supérieures seront publiées au *Journal officiel* et des diplômes délivrés aux élèves.

« Les emplois publics leur seront conférés en suivant l'ordre des listes, après des stages rétribués.

« Les écoles transcendantes de géologie, des mines, d'astronomie, de diplomatie, etc., se recrutent, d'après les mêmes principes, dans les écoles supérieures. »

Les dépenses ne seraient pas aussi importantes qu'on le croirait à première vue.

11,000 élèves, tenus pendant cinq ans dans les lycées, soit en masse 55,000, à 800 francs par an, coûtent....................... 44 millions.

5,000 aux écoles supérieures pendant trois ans, en tout 15,000 à 1,000 francs......... 15 »

Pour les écoles transcendantes.......... 3 »

Voyages et trousseaux.................. 8 »

Total............ 77 millions.

Ce chiffre peut varier.

Il n'effraie pas trop quand on dépense 1,200 millions pour construire ou améliorer des écoles primaires, quand on a un budget qui dépasse trois milliards.

Du reste, il faut faire cesser cette ironie de la loi, déclarant tous les Français admissibles aux emplois publics, quand ceux-là seuls qui ont des ressources peuvent parvenir à ces emplois.

Il faut que la France se hâte de fortifier ses administrations, sa magistrature, etc., en appelant à elle les meilleures intelligences qui, en ce moment s'éteignent dans les travaux des champs et des ateliers.

Il y va de sa tranquillité, de sa sûreté. Lorsqu'elle se sera emparé de tout ce qui est réellement capable dans les populations ouvrières, les faux socialistes, les communards, les anarchistes ou monarchistes de toute espèce ne trouveront guère à se recruter ni à troubler. — Comment inculquer des idées subversives à un ouvrier, à un paysan dont le fils, le frère, le parent occupe une haute fonction dans la République et fait, pour ainsi dire, partie du gruvernement?

On se gardera cependant de vouloir monopoliser la science et de créer des mandarins. Le gouvernement serait armé contre les défaillances ou les négligences des fonctionnaires désignés par les concours.

Notre système crée une égalité parfaite entre toutes les classes de la société. Il allège la responsabilité des ministres en réduisant de beaucoup le champ du favoritisme dans la distribution des fonctions publiques.

Et parmi ces intelligences, à qui nous ouvrons les portes des écoles et des emplois, ne peut-on espérer qu'il se trouvera bientôt des Descartes, des Corneille, des Voltaire, des

Hoche, des Arago, des Gambetta, des Victor Hugo...

Donc, l'instruction doit être gratuite à tous les degrés. Là justice, la fraternité, la bonne administration et l'honneur de la France l'exigent.

———

Ce projet d'instruction gratuite dans les lycées, les facultés et les hautes écoles fut exposé à des amis dans une réunion intime et approuvé à l'unanimité.

Mais depuis, plusieurs réflexions et objections m'ont été soumises.

1° « Le projet ne s'occupe pas des filles. Elles ont cependant les mêmes droits que les garçons.

» Il ne s'occupe pas non plus des écoles primaires supérieures ni des écoles professionnelles. »

J'ai répondu que je ne présentais pas un plan complet d'instruction ; que j'allais au plus pressé, au plus urgent, au plus pratique.

Je ne me suis en effet occupé que d'une seule branche, d'un seul chapitre de l'instruction secondaire et supérieure.

Je reconnais que les filles ont des droits à l'instruction secondaire, mais pas autant que les garçons.

Je n'ai pas besoin de femmes savantes, mais je ne les dédaigne pas. J'éprouverais une certaine répugnance à payer l'impôt de l'instruction des dames de Sévigné, Dacier, de Staël, d'Abrantès, Georges Sand, etc. Mon désir serait que la femme restât maîtresse de maison, de ménage, institutrice et exemplaire pour ses enfants.

— On n'est pas fondé à me dire que j'absorbe tous les fonds libres de l'Etat au profit des garçons, parce que je demande 77 millions pour instruire gratuitement, dans les lycées et dans les facultés onze mille, puis cinq mille élèves garçons choisis chaque année parmi les plus intelligents.

Ce prélèvement de 77 millions étant fait sur un budget de plus de trois milliards, il restera certainement, si la répartition est sage et économe, quelques millions pour l'instruction des filles.

Je ne conteste pas qu'il y ait lieu d'étudier l'organisation de la gratuité des écoles primaires supérieures et des écoles professionnelles, d'agriculture, de métiers et d'arts. Je mets l'agriculture la première, les métiers ensuite, les arts comme couronnement.

Un plan complet de l'instruction gratuite à tous les degrés pour les deux sexes exigerait de longues recherches et un long travail. Celui de mes amis qui voudrait entreprendre ce travail me trouvera tout disposé à l'aider, mais en ce moment je ne puis pas le faire.

S'ensuit-il que, n'ayant pas le tout, on doive refuser la grosse part, la meilleure ?

Il n'y a jamais eu de code complet de l'instruction. C'est une série de lois, de décrets, d'ordonnances qui se croisent, se renversent, se modifient, s'améliorent, sur telle ou telle école, sur des sujets spéciaux.

J'ai dit que j'allais au plus pressé. Voyez-vous l'urgente

nécessité pour le pays d'avoir de bons juges? On parle de réformer la magistrature, c'est-à-dire de faire nommer les magistrats par des élections ou bien d'obtenir du gouvernement qu'il fasse de meilleurs choix. Qu'importe le mode de nomination, si l'on tombe toujours forcément sur des incapables?

Et combien d'autres fonctions exigent de plus sérieuses intelligences?

2° « Il y aurait des élèves gratuits et des élèves payants. Encore des humiliés. N'admettons pas d'élèves payants dans les lycées. »

Quels seraient dans ce cas les humiliés? Assurément, ce ne seraient pas les élèves de l'Etat, ceux qui auront de par la loi obtenu leur place au concours et à l'examen.

Ce seraient donc les autres, les fils de parents riches, qui n'ont pas réussi à l'examen. Mais ces autres se trouvent, par leur fortune et leurs relations de famille, dans une bonne situation et rien ne les empêche, s'ils sont bien disposés, s'ils veulent travailler, de se relever dans les examens ultérieurs. Ils ne seront jamais regardés de haut et d'un air de dédain comme le sont quelquefois les boursiers. Il n'y aura d'humiliés que ceux portés aux derniers rangs des listes de mérite.

Les dépenses des lycées, provenant de l'impôt, sont principalement payées par les riches. Ceux-ci ne jouissent d'aucun privilège en apportant une nouvelle et lourde contribution pour le paiement en sus et à part de la pension de leurs enfants qui n'ont pas d'abord réussi, mais dont les dispositions peuvent se développer.

L'instruction secondaire doit être favorisée et propagée le plus possible. Il ne faut pas seulement des élèves pour les emplois publics, il en faut pour les sciences, les arts et diverses professions.

Quant à rejeter hors des lycées et à renvoyer dans les écoles *libres* ceux qui ont échoué à l'examen et qui peuvent payer et qui offrent de payer l'instruction secondaire, je ne serais pas de cet avis.

Ce que l'on appelle écoles *libres* ne sont pas généralement des écoles de *liberté*. Ce sont, le plus souvent, des écoles de servitude enseignant les superstitions, les faux dogmes, niant la raison et la dignité humaine.

Je demande que l'on n'envoie personne dans ces dernières écoles et qu'elles deviennent de plus en plus désertes, de plus en plus rares et disparaissent.

3° « Nous voulons la *gratuité absolue* pour *tous*, riches ou pauvres. »

C'est un beau rêve, mais d'une réalisation radicalement impossible.

C'est une utopie qui ne saurait être admise que par un candidat à la députation, mais jamais par un député, fût-il dans les extrêmes; jamais par un sénateur, par un homme sérieux, nulle part.

Voyez-vous 1,600,000 garçons de 14 à 19 ans dans les lycées et autant de jeunes filles dans les pensionnats ou collèges, ensemble 3,200,000 élèves à 800 fr. $=$ 2,560,000,000 francs !

Comment payer cette effroyable dépense ? — Il y en a qui ne sont pas embarrassés et qui répondent : « On prendra » les successions à partir du quatrième degré et l'on sur- » imposera les riches. »

Toutes ces prises seraient bien insuffisantes et je n'approuve pas que l'on fasse des *libéralités avec le bien d'autrui*.

Et pendant ces cinq années (14-19 ans), que deviendraient l'agriculture, les métiers, le commerce ?

Ces 3,200,000 jeunes gens auraient gagné au moins chacun 300 fr. par an. Ce serait donc, — en sus de 2,560 millions, — 960 millions de perte chaque année.

Vous auriez, sur 330,000 élèves garçons sortant chaque année, environ 150,000 bacheliers si le baccalauréat était maintenu, et vous n'en avez besoin que d'une dizaine de mille, — resteraient 140,000 individus sans emploi, déclassés, avec 180,000 incapables, ensemble 320,000 jeunes hommes déshabitués du travail manuel, aptes à la débauche, à la dissipation, au bouleversement !

Et 330,000 jeunes filles ou femmes bas-bleus propres à manier des dentelles et à chanter des romances !

N'est-ce pas absurde ?

Si l'instruction primaire a été déclarée gratuite et obligatoire pour tous, c'est qu'il est nécessaire dans un pays de suffrage universel que tous sachent la langue de ce pays, le calcul, la morale, les droits et les devoirs d'un citoyen...

Mais il n'est pas nécessaire qu'ils sachent des langues mortes ou étrangères, la chimie, l'algèbre, la géographie, l'histoire universelle, etc.

L'Etat doit chercher partout les meilleures intelligences pour les instruire et leur confier les emplois publics.

Il doit les choisir au concours et à l'examen, et ses choix sont *limités* par le *nombre des emplois* à distribuer. Quand le contingent qui lui est nécessaire est atteint, son devoir est accompli.

Voudrait-on, par hasard, faire élever aux frais de l'Etat les petits-crevés, les gommeux, les hommes de boulevard, de club, de jeu, de chasse, de pêche, d'estaminet ?... Nous n'avons pas besoin de ces gens-là. S'ils croient, eux, avoir besoin de l'instruction, qu'ils l'achètent.

Et notez qu'il y a beaucoup de jeunes gens très aptes aux affaires du commerce, aux professions manuelles qui sont absolument rebelles à l'étude. A quoi bon les tenir, contre leur penchant, dans des lycées, au lieu de les laisser se développer selon leurs tendances et se fortifier en liberté.

Est-ce à dire que la République puisse négliger les enfants de treize à quatorze ans qui ne sont pas admis dans les lycées ? Assurément non. Les collèges actuels pourront être transformés en écoles primaires supérieures, en écoles d'apprentissage, en ateliers d'arts et métiers et tous les enfants qui ne sont pas retenus dans la famille pour suivre la profession paternelle peuvent y être admis gratuitement.

Je dis gratuitement, parce que leur travail paiera les frais d'instruction, d'éducation et d'entretien.

La seconde moitié des élèves sortis des lycées et non admis aux écoles supérieures trouveront facilement des emplois dans les administrations, l'instruction primaire, le commerce, l'industrie, etc. On pourra du reste établir des examens spéciaux pour élever aux grands emplois les aptitudes qui se déclareraient ultérieurement.

On s'est inquiété des parents pauvres qui laisseraient leurs enfants élus au concours partir pour le lycée et se priveraient ainsi de leur travail pendant cinq ou neuf ans, le temps des études.

Il faut remarquer que le pauvre à qui l'Etat demande son fils pour en faire, s'il est possible, un bon fonctionnaire se trouve dans le même cas que celui qui n'a pas de fils.

A tous les deux il faut des secours, mais ce ne serait pas

l'affaire de l'État, ce serait celle des caisses de bienfai-
sance.

Et notez que le père n'est pas obligé de livrer son fils, de
s'en séparer. Il peut le garder s'il le juge à propos pour ses
intérêts.

4º « La science n'est pas une garantie suffisante pour un
emploi public. »

— D'accord. Mais les listes de mérite n'ont pas pour base
unique le savoir ou la science. Elles tiennent compte de la
moralité, de la bonne conduite et du patriotisme.

5º « La plupart des écoles n'auront pas dix élèves de 13
à 14 ans. »

— Les élèves de cet âge se réuniront avec ceux d'écoles
voisines et feront un concours entr'eux sous la surveillance
de leurs maîtres.

6º « Le 1/10 de 330,000 élèves est de 33,000, et si, on di-
vise ces 33,000 en 100 lycées, c'est 330 que chaque lycée
devra examiner par an pour n'en retenir que 1/3 ou 110.
Voilà une rude besogne. »

— Sans doute, mais on pourra répartir les compositions
entre 10 examinateurs, etc.

7º « 55,000 élèves (11,000 × 5) répartis entre 100 lycées
font pour chacun 550 et avec les élèves payants 600. — Les
lycées seront trop petits. »

R. — On les agrandira.

« Ils ne seront pas assez nombreux. »

R. — On prendra 10, 20, 30 collèges pour les transformer en lycées.

« Il y aura cohue. »

R. — Non, discipline militaire. On ne verra plus des professeurs parler dans le vide devant quatre ou cinq élèves.

« Et le service militaire ? »

R. — Tous les élèves des écoles supérieures, âgés de plus de vingt ans, et tous les fonctionnaires ayant moins de cinquante ans, qui auraient été instruits aux frais de l'Etat, seront en cas de guerre à la disposition du ministre de la guerre.

Le ministre jugera s'ils peuvent rester à leurs études ou à leurs fonctions, ou s'ils doivent se rendre aux armées comme administrateurs ou comme combattants.

Tous auront déjà reçu une certaine instruction militaire.

Le nombre des élèves des écoles supérieures pourrait être augmenté, mais s'il y a 400,000 hauts fonctionnaires en France, le chiffre de 5,000 élèves appelés chaque année suffit au recrutement.

D'après la table de Deparcieux.

A 22 ans, il y a	798 vivants.
A 60 »	463
Décès en 38 ans.	335

D'où 798 : 400,000 : : 335 : x, — soit 167,920.

Et 167,920 divisés par 38 ans donnent 4,420 décès par an.

Les chiffres seront augmentés au diminués, s'il le faut. Il y a deux limites : les besoins des services publics d'un côté, et, de l'autre, les dépenses.

Ce que nous devons voir dans ce projet, ce n'est pas la rédaction, ni les formules, ni les chiffres, ni le mode d'exécution, c'est l'idée.

« Les fonctionnaires de la République seront désormais
» recrutés parmi les élèves les plus capables des écoles
» primaires, par des concours et des examens, et instruits
» aux frais de l'Etat. »

Dole, mai 1884.

BUDIN.

L'ÉGLISE

Séparation de l'Église Française de l'Église de Rome. — Clergé National.

Monsieur le Rédacteur,

Il me semble que l'on fait fausse route.

On cherche à séparer l'Eglise de l'Etat, à la rendre indépendante de l'Etat, et ne pouvant réaliser de suite ce projet, on aspire à la ruiner par de petits moyens : réduction des traitements, désaffectation des édifices diocésains, suppression des bourses des séminaires.....

Mais quand, par suite du dépeuplement des séminaires, les prêtres manqueront dans les communes, par qui les remplacerez-vous ?

Ce n'est pas, j'imagine, par le maire ni par l'instituteur, qui, malgré les manuels d'instruction morale et politique, n'y suffirait pas.

Cependant il nous faut nos dimanches, nos fêtes, des cérémonies, des chants, des prônes qui nous montrent le beau, le vrai, le juste et qui flétrissent le laid, l'injuste, le faux.

Les philosophes et les penseurs n'en ont pas besoin,

disent-ils. Mais ils sont très peu nombreux, un sur mille à peine dans la masse du peuple.

On dit : Que ceux qui ont besoin des prêtres les paient.

C'est comme si l'on disait : Que ceux qui ont besoin des instituteurs, des juges, des gendarmes les paient ;

Que ceux qui ont besoin des routes, des canaux, des ports, les fassent, etc.

Mais les prêtres ne sont pas nécessaires ? — Pour vous, pour moi, je veux bien, mais ne soyons pas égoïstes.

Séparer l'Eglise de l'Etat, c'est, selon moi, ouvrir la porte à d'effroyables abus. — Nos mœurs actuelles ne permettent pas le rétablissement des lois de la Convention sur les cultes (floréal an II, sans-culotides an II, ventôse an III).

Je voudrais des prêtres patriotes, des prêtres français.

Je voudrais, tout en conservant précieusement la liberté de conscience et la liberté des cultes, que les diverses Eglises fussent *dépendantes* et *amies* de l'Etat.

Le catholicisme romain ne peut pas souffrir la République. Il lui faut un gouvernement qu'il puisse confesser, un roi héréditaire qu'il puisse conseiller et conduire. C'est son erreur, sa manie, et il appelle cela *droit divin*.

Il est évident que ce catholicisme, qui est en pleine hostilité contre la raison, contre la dignité humaine, contre la France, ne saurait être maintenu en France sans danger. Il doit ou *disparaître* ou *se modifier*.

Mais aucune modification n'est possible si nous restons sous le Syllabus, sous la dépendance de Rome.

Il faudrait donc d'abord dénoncer le concordat de 1801 et *séparer* complètement l'Eglise française de l'Eglise romaine.

Il ne convient pas, en ces temps-ci, qu'une grande nation

ait des clefs spirituels à l'étranger, et un gouvernement sérieux ne peut renoncer à avoir une influence directe sur les cultes.

Le catholicisme ou l'universalité de l'Eglise n'est qu'un vain mot. Plus de la moitié des populations de l'Europe et de l'Amérique rejettent la papauté. L'Asie et l'Afrique ne la connaissent pas.

Les papes n'ont jamais rendu aucun service à la France. Ils lui ont souvent suscité des embarras, des difficultés et des guerres effroyables : Croisades, Albigeois, Saint-Barthélemy, Dragonnades, Rome, Aspromonte, etc.

Ils ont, quand elle était vaincue, applaudi à ses vainqueurs, fussent-ils schismatiques.

Ils en ont tiré des sommes énormes, pendant de longs siècles, pour un luxe anti-chrétien.

Le pape seul aurait à se plaindre de cette séparation (— Voir s'il convient de l'indemniser.)

Aucune nation n'aurait à en souffrir. L'Angleterre et l'Allemagne, depuis longtemps affranchies, la verraient avec indifférence; l'Autriche et l'Espagne, encore sous le joug, la verraient peut-être avec regret; mais l'Italie, avec joie. N'est-ce pas à cause du pape que l'Italie a fini par regarder la France d'un mauvais œil et par s'allier avec nos ennemis.

Les masses religieuses et les consciences n'en seraient pas troublées, et le clergé français, maintenu dans ses fonctions, y gagneraient en dignité et en indépendance.

On pourrait craindre que ce clergé, imbu des superstitions de Rome, ne conservât longtemps encore son même esprit de dénigrement contre la science et la raison humaine.

Je pense, au contraire, que l'Eglise française abandon-
nerait assez vite les faux dogmes, les fables juives et ro-
maines et qu'elle adopterait peu à peu les vérités physiques,
géologiques et astronomiques démontrées.

La science est autrement belle, attrayante et divine que
la fable et l'erreur.

La doctrine républicaine du Christ l'emporte de beaucoup
sur les conceptions tyranniques du prophète Samuel.

En 1789, le clergé français, en grande partie, était libéral
et il inclinait vers la philosophie et les droits de l'homme.

Mais si la transformation du clergé de 1884 était impossible, la logique des choses amènerait forcément sa
suppression.

La loi organique serait très simple :

« Article premier. — Le clergé français est délié de ses
» attaches à la papauté. Il est maintenu dans ses fonctions,
» ses droits et ses honneurs.

» Art. 2. — L'Eglise française ne relève que du gouver-
» nement français.

» Art. 3. — Elle est dirigée, sous l'autorité du ministre
» des cultes, par un conseil supérieur de douze prélats dont
» six sont choisis par le président de la République et six
» par les évêques.

» Art. 4. — Les évêques sont nommés par le président
» de la République.

» Art. 5. — Il y a un évêque dans chaque département et
» un ou plusieurs dans les colonies dont la population
» chrétienne dépasse cent mille habitants.

» Les archevêques et les cardinaux actuels seront rem-
» placés, à leur décès, par des évêques. Ces dignités ne
» seront pas rétablies.

» Art. 6. — Le président de la République pourra con-
» voquer les évêques en concile pour les questions de
» dogme, de science, de doctrine, de liturgie. »

On pourrait adjoindre au conseil supérieur quelques doc-
teurs laïques avec voix consultative.

On pourrait donner à ce conseil plus d'autorité relative
que n'en ont ceux de l'Université, de la Guerre, des Ponts-
et-Chaussées.

On devrait surveiller l'enseignement des séminaires, en
tracer le programme.

Il est possible que quelques dignitaires ecclésiastiques ne
veuillent pas, même en étant déliés de leurs obligations
envers le pape, se soumettre à la loi française, au gouvernement de la République et qu'ils donnent leur démis-
sion.

Qu'à cela ne tienne. On tâchera de les remplacer et on
les avertira que l'enseignement de doctrines subversives ne
sera pas toléré.

Il n'y a rien d'étrange à ce que le président de la République devienne chef de la religion, souverain pontife. — Il
en est ainsi de la reine d'Angleterre, du roi de Prusse, du
czar de Russie, du sultan turc, etc.

Ces chefs d'État ne sont pas obligés de pontifier, et le
niveau moral de leurs peuples n'est pas au-dessous de celui
des peuples catholiques.

Dole, juin 1884.

BUDIN

CONFÉDÉRATION EUROPÉENNE

L'Armée. — La Guerre. — La Revanche.
— L'Arbitrage. — La Paix.

1º L'ARMÉE

Les armées permanentes sont la ruine des nations.

Nous dépensons en France 700 millions par an pour entretenir sous les armes 500,000 hommes.

Ces 500,000 hommes laissés à leurs professions produiraient un travail d'environ 1,000 fr. par an, chacun, ce qui ferait 500,000,000 de francs.

C'est donc une dépense ou perte annuelle de $700 + 500 = 1,200,000$ fr.

D'où une charge de plus de 31 fr. par an pour chacun des 38,000,000 de Français.

Il est nécessaire et urgent de diminuer ces frais.

Notons que nos 25 milliards de dettes proviennent en majeure partie des guerres, surtout de celles du dernier Empire : Rome, Crimée, Italie, Chine, Mexique, France. Batailles sur batailles, emprunts sur emprunts.

25 milliards exigent un impôt annuel d'environ 1 milliard 200,000,000. — Autres 31 fr. par tête, ensemble 62 fr.

Et les impôts d'administration : Etat, Départements, Communes, doublent cette somme, soit 124 fr. par tête, en moyenne.

C'est un écrasement.

Le peuple le plus laborieux et le plus économe ne pourrait pas supporter longtemps de pareilles contributions.

En outre, les jeunes gens les plus robustes, les mieux constitués, sont enlevés à leurs professions, à leurs demeures, de 21 à 24 ou 25 ans. C'est l'âge des fraiches et pures affections et des mariages féconds.

Ils rentrent dans leurs villages, souvent vicieux, ayant oublié leurs fiancées, paresseux, inaptes au travail des champs. Puis ils s'en vont chercher à la ville des amours et des occupations faciles.

Et la population s'étiole, et elle augmente à peine de quatre pour mille par an.

Certains villages, certains cantons se dépeuplent.

Si le projet d'une confédération européenne était adopté, nos 1,200,000,000 de dépense et de travail perdu par an se réduiraient de suite à 300 ou 400 millions.

Mais en attendant l'adoption et la mise à exécution de ce projet, nous sommes tenus de rester solidement armés.

Tout le monde rend hommage à notre armée actuelle, à sa discipline, sa vaillance, sa fermeté, son honneur, son patriotisme. — Seulement elle coûte trop cher.

Peut-être par une autre organisation et sans affaiblir les forces du pays pourrait-on diminuer la durée du service militaire, réduire le nombre des hommes entretenus dans les casernes, et abaisser considérablement les charges du budget de la guerre.

Par exemple, en donnant l'instruction militaire aux enfants dès l'âge de 12 ou de 14 ans : exercices, manœuvres, revues à la commune, au canton, à l'arrondissement ; escouades, sections, pelotons, compagnies, bataillons scolaires. — Immatriculation, grades, punitions, récompenses.

Les jeunes gens ainsi instruits, et leur instruction continuerait dans l'âge viril, n'auraient pas besoin de passer deux, trois, quatre ans dans les casernes.

Et ils pourraient se marier. — Ceux de la campagne n'ont pas besoin pour cela d'attendre, comme les fils de bourgeois, d'avoir une position. Ils ont la profession de leurs pères et les enfants sont pour eux une richesse comme pour la République (1).

2° LA GUERRE

La guerre est le plus épouvantable des fléaux qui broient l'humanité.

L'incendie, l'inondation, la grêle, la famine, la peste, les ouragans, les tremblements de terre, vous frappent dans vos biens ou dans vos personnes, mais ils ne vous humilient pas.

La guerre, c'est l'incendie en permanence, l'assassinat, la destruction, le pillage en grand. C'est le deuil, l'effroi, les larmes. L'envahisseur s'empare de vos biens, de votre

(1). Quelques-unes de ces considérations sont tirées de l'excellent ouvrage du Capitaine Jacquerez : La *France armée*.

maison, de vos meubles, de vos vêtements. — C'est à peine s'il vous tolère chez vous, et pour garder votre dignité, vous devez garder le silence.

Vous n'avez plus aucun droit, aucune autorité. La fuite seule, si elle est possible, peut vous soustraire aux insolences et souvent aux mauvais traitements du vainqueur.

Et cela dure un an, deux ans,… et les souffrances sont intolérables et les cœurs s'emplissent de haine.

Il faut trouver le moyen de supprimer la guerre.

3° LA REVANCHE

Mais la revanche ?

Ah oui ! — la revanche ! Il serait peut-être agréable, avec un sacrifice de *100 à 200* mille hommes et de *7 à 8 milliards* de francs, de pouvoir recouvrer nos deux provinces et nos cinq milliards et de montrer aux Allemands qu'avec de bons chefs les Français sont les meilleurs guerriers.

Cette revanche gagnée, et tout le mal que les Allemands nous ont fait leur ayant été rendu, en serions-nous plus avancés ? — La République n'aspire pas à régenter ses voisins et le mieux pour elle est de ne pas se mêler des affaires des autres peuples. — Elle n'est pas soumise aux vanités monarchiques.

Il est probable que la revanche amènerait en peu d'années une autre revanche. — Toujours des massacres et des ruines.

Et si du premier coup l'on échouait ? — Le hasard joue un grand rôle et il n'est pas toujours propice à la science et à la force.

Ces guerres reviennent à des prix énormes. Celle de 1870-71, sottement déclarée par nous et sottement conduite, nous a coûté :

      6.000 pièces de canon (dont 2.000 à Paris),
        170 mitrailleuses,
         60 agiles et 20 drapeaux,
     200.000 soldats tués,
     400.000 prisonniers,
       1.700 communes,
   1.500.000 habitants,
5.000.000.000 d'indemnité,
5.000.000.000 de réquisitions, de pillages et de destructions.

— L'envahisseur comptait 1,200,000 hommes et 200.000 chevaux (*Tablette des évènements d'Alfred Dantès*).

Il ne faut pas songer à aller en Allemagne avec 400 ou 500.000 hommes. Il en faut deux ou trois millions et on en rencontrera devant soi un nombre encore plus grand Le temps des petites batailles héroïques est passé. On ne se battra plus de ce côté là, armée contre armée, mais nation contre nation.

La nation la mieux exercée, la mieux disciplinée, la plus sobre, la plus rapide à la marche, la mieux outillée, la mieux commandée, aura des chances de l'emporter sur l'autre.

A l'heure présente, après 14 ans de préparation, on ne trouverait pas en France un seul homme sérieux pour conseiller une déclaration de guerre à l'Allemagne, à moins que celle-ci ne commette envers nous une injure grave, ce dont elle se gardera bien.

L'Allemagne a des alliés, la France est seule...

Sous l'autorité de la confédération européenne, Strasbourg et Metz pourront se réunir à la France si cela leur plait, sans que l'Allemagne en éprouve aucun regret.

4° L'ARBITRAGE

Des personnes notables, illustres, amies de l'humanité, ont proposé que les dissentimens des princes et des peuples fussent réglés par un arbitrage amiable.

Leur idée est bonne et bien accueillie. Il se fait pour l'arbitrage, pour la paix, des réunions, des congrès, des ligues, des apologies, des vœux, des pétitions.

Certes, si l'arbitrage pouvait seulement empêcher la moitié des guerres, si les contestants consentaient à y recourir une fois sur deux, ce serait un grand bienfait.

On dit que l'*Arbitrage pourra amener le désarmement progreesif des Nations.*

Progressif, c'est bien long.

Et il serait téméraire de désarmer devant un adversaire qui, peut-être, le débat engagé, refuserait d'accepter l'arbitrage.

— Admettons que tous les plénipotentiares de l'Europe, réunis en congrès, aient décidé qu'à *l'avenir toutes les dissentions ou prétentions des souverains et des peuples seront déférés à des arbitres,* et que ce traité ait été ratifié par tous les gouvernements.

Ce traité n'aurait pas plus de valeur que les autres. — Que sont devenus les équilibres européens établis par les congrès ?

Supposons qu'après la signature et la notification du traité prescrivant l'arbitrage, il soit fait une insulte au Roi d'Espagne, comme cela arriva le 30 septembre 1883 à la gare du Nord, à Paris.

M. de Bismarck écrit de Berlin à Madrid : « Les excuses
« que vous a faites le Président de la République sont in-
« suffisantes. Exigez que les quarante insulteurs soient
« traduits devant les tribunaux et punis ; que si non vous
« obtiendrez réparation par les armes. »

La demande du Roi serait probablement rejetée. — L'Espagne contre la France ! Quelle plaisanterie ! — Mais on lui
proposerait un arbitre.

Nouvelle lettre de M. de Bismarck :

« Fermez le passage de la Bidassoa. Réunissez vos
« troupes à Barcelone, et quand vous serez prêt à envahir
« le Roussillon, déclarez la guerre. — Nos armées seront
« concentrées tel jour à Strasbourg et à Metz. »

M. de Bismarck n'a pas besoin de se montrer ni de se
plaindre, ni de faire une déclaration de guerre. Il suffit que
dès le lendemain de l'ouverture des hostilités, il se déclare
l'allié du Roi.

La France est ainsi attaquée au Nord et au Midi malgré
sa proposition d'arbitrage, et elle attend en vain les secours
de l'Italie, de l'Autriche, de l'Angleterre.

Cependant la convention qui prescrit l'arbitrage est toute
récente, mais elle est sans force.

> — Ce n'est pas pour quelques huées, quelques
> coups de sifflet, qu'on déclarerait la guerre. —
> Pardon, la guerre de 1870 eut un motif bien plus
> futile.

Pour que l'arbitrage ne soit pas un leurre, il faut qu'il
soit obligatoire.

Pour le rendre obligatoire, il faut une force spéciale, indépendante, supérieure à celles des contestants.

La confédération seule peut fournir cette force.

CONFÉDÉRATION EUROPÉENNE

(ÉTATS-UNIS D'EUROPE)

Nous n'avons de garanties réelles de paix que dans l'union, la confédération des Etats de l'Europe.

« La confédération serait représentée par un conseil permanent, souverain, élu par tous les peuples de l'Europe, selon le mode de suffrage de chaque pays, à raison de un conseiller pour un million d'habitants. Les élus siégeraient 15 ans, mais ils seraient renouvelables par tiers tous les 5 ans.

« Les princes des maisons régnantes ou ayant régné, seraient exclus de la présidence.

« Le conseil ferait les réglements généraux et jugerait tout les conflits qui pourraient s'élever entre deux peuples Européens *sur tout le globe.*

« Il ne pourrait pas s'immiscer dans les législations des Etats.

« Il aurait sous ses *ordres directs* une *armée* et une *flotte* égales à celles des nations les plus puissantes et il pourrait au besoin requérir tout ou partie des armées de tous les peuples.

« L'armée et la flotte fédérales serviraient au maintien de la paix à l'intérieur et à la défense des frontières des Côtes et des Colonies.

« Chaque peuple aurait une petite armée mobile sur son territoire et des forces de police suffisantes.

« Les effectifs de ces armées seraient fixées chaque année par le conseil.

« Les armées actuelles seraient réduites des deux tiers ou des trois quarts.

« Chaque peuple conserverait à son gré son gouvernement, ses lois, sa religion.

« Des provinces pourraient s'annexer à d'autres gouvernements, des peuples se réunir ou se diviser, mais pour cela il faudrait le suffrage et une décision du conseil.

« Les frontières seraient rendues libres et les douanes intérieures supprimées.

« La Russie et la Turquie entreraient dans l'alliance pour leurs possessions Européennes.

« Les traitements des conseillers, les frais d'État-major, d'employés, de bureau et d'entretien de l'armée et de la flotte fédérales seront supportés par chaque peuple en raison du nombre de ses représentants.

« L'armée sera recrutée en raison de la population, et la flotte fournie d'après l'importance des côtes et des colonies.

« La résidence du conseil serait fixée à... (Vienne). »

Si ce Conseil, ce Parlement, cette Union, cette Puissance fédérale était constituée, la guerre deviendrait impossible.

Car le peuple le plus faible comme le plus fort serait certain d'obtenir civilement, pacifiquement, la réparation de l'insulte, du tort, du préjudice qu'un autre lui aurait causé.

Et aucun peuple n'oserait attaquer son voisin sachant qu'une victoire ne lui produirait rien et qu'au lieu d'aller à la victoire, il irait à la défaite parce qu'il trouverait contre lui des forces dix fois supérieures aux siennes.

Toute résistance à la confédération serait vaincue et tout soulèvement réprimé.

Mais tel ou tel peuple pourrait d'abord refuser d'entrer

dans la confédération et vouloir conserver *toutes ses forces et son droit* de guerre. — On le laisserait réfléchir et on prendrait, en attendant, des précautions à son égard.

Voilà l'arbitrage obligatoire. Le conseil est le tribunal arbitral commun et il a la force pour faire exécuter ses jugements.

Si les Présidents de la confédération Suisse et des Etats-Unis d'Amérique avaient eu en mains des forces réelles, immédiates, les guerres du Sunderbund et de Sécession auraient été étouffées dans leurs germes.

Tous les Etats de l'Europe seraient ainsi neutralisés à l'intérieur.

Mais alors !

Le Français ne pourrait donc plus réclamer par les armes ses frontières naturelles, soit le Rhin, les Alpes, les Pyrénées et les deux mers ?

— Non.

Le Prussien ne pourrait pas s'emparer de la Holande, rejeter l'Autriche sur Constantinople, prendre Vienne et s'installer dans les ports de Trieste et de Venise ?

— Non.

L'Italien ne pourrait pas convoiter Nice, la Savoie, le Tyrol (irrédenta), l'Albanie, la Grèce ?

— Non. — Etc.

Ces lugubres ambitions de monarques et de peuples n'amènent que tueries, incendies, pillages et ruines. C'est de la sauvagerie et non de la civilisation.

Mais l'Irlande pourra se séparer de l'Angleterre ?

— Oui.

Les provinces de la Pologne pourront se reconstituer en gouvernement ?

— Oui.

Et cela sans que l'Angleterre, la Prusse, la Russie ait rien perdu.

Et le conseil fédéral aplanirait le conflit entre Russe et Anglais dans l'Afghanistan sans effusion de sang.

De même le conflit entre Anglais et Français en Egypte.

L'union des peuples et des royaumes de l'Europe entraîne évidemment de leur part l'abandon d'une portion de leur souveraineté, — la portion la plus dangereuse, la plus terrible, la plus funeste, celle de déclarer et de faire la guerre.

Mais quelle sécurité, quels brillants résultats ils retireront de cette concession ?

La paix est affermie, durable, féconde.

Les fermes, les villages, les villes, ne sont plus *périodiquement* mitraillés, pillés, incendiés.

L'agriculteur a ses fils et bientôt ses brus près de lui. Il laboure, sème et récolte sans crainte de l'ennemi.

La population augmente. Elle se fortifie et se moralise de plus en plus.

Le commerce et l'industrie font de rapides progrès. Ils se développent en liberté de l'Atlantique aux monts Ourals et de la Mer Glaciale à la Méditerranée.

Les jalousies et les défiances des peuples ont cessé. Un esprit d'union et de confraternité se répand dans toute l'Europe.

Les beaux-arts, la littérature, les sciences excitent l'émulation des peuples et prennent un essor jusqu'ici inconnu.

Et quelle économie !

Si l'on suppose que les armées des autres peuples coûtent proportionnellement autant que celle de la France qui pour 38 millions d'habitants dépense 1,200 millions tant en argent qu'en travail perdu, cela ferait pour 400 millions d'habitants dix fois autant, soit 12 milliards dont les deux tiers économisés laisseraient aux contribuables *8 milliards* par an.

Mais les autres peuples dépensent un peu moins. Ne mettons que *6 milliards,* d'économies, — c'est un énorme soulagement !

Sans compter les frais monstrueux qu'entraîne chaque guerre.

Qui pourrait contester l'utilité et la nécessité de la confédération?

Ce ne sont pas les Empereurs ni les Rois, s'ils sont sages, ni les ministres de l'agriculture, du commerce, de l'industrie, des arts, de l'instruction et des travaux publics, ni les ministres de l'intérieur et de l'extérieur.

Mais il y a les amis de la guerre...

L'art de la guerre ne serait pas tout à fait anéanti puisqu'il y aurait une petite armée dans chaque pays et que l'on pourrait trouver des occasions d'aller guerroyer hors d'Europe.

Le souverain ou le ministre puissant qui mènera ce projet à bonne fin peut compter sur la reconnaissance des peuples. Son nom sera plus célèbre que ceux des grands conquérants : Cyrus, Alexandre, César, Charlemagne, Napoléon... Ses statues ne seront jamais démolies.

L'Allemagne, la Russie, l'Angleterre ont autant d'intérêts que les plus faibles nations à la réussite de ce plan. Ces puissances savent combien la fortune est changeante et combien, sous les compétitions et les luttes actuelles, les grands empires sont éphémères.

Les différences de religions et de gouvernements ne sont pas un obstacle. Déjà on a fait l'union-postale et l'union-monétaire.

Pour hâter l'exécution de ce projet, il faut l'examiner, le discuter, l'amender, le répandre dans les Cours, dans les Parlements, dans les Elections, en parler partout, à la ville et à la campagne, dans toutes les langues, dans tous les idiomes, l'écrire sur les murailles :

« *Etats-Unis d'Europe, Paix, Sécurité.*

« *Economie annuelle de 800 millions pour la France et six milliards pour l'Europe.* »

Il faut que les journaux sérieux s'en occupent, le développent, le mettent en lumière, et qu'ils démontrent la paix assurée et les progrès certains de l'agriculture, du commerce, de l'industrie des arts et des sciences.

Il faut que les amis de la paix l'accueillent, s'en emparent, le soutiennent, le proclament.

Il existe, dit-on, des associations d'hommes d'élite ayant pour but le progrès et le perfectionnement de l'humanité par la morale, la tolérance, l'union, la paix, l'étude, le travail libre. Le projet est tout à fait dans leur programme.

Si le prince de Bismarck le voulait, lui qui en trois séances désigne, délimite et distribue des royaumes sur la côte Ouest d'Afrique, la confédération serait constituée avant un an :

« 14 juin. Réunion du congrès des plénipotentiaires. —

Projet adopté. — Statuts provisoires. — Un conseiller seulement pour deux millions d'habitants. — Répartition du nombre des conseillers entre les Etats.

« 15 septembre. Elections des conseillers.

« 15 novembre. Réunion des conseils à.... (Vienne). — Constitution. — Fixation des contingents de chaque peuple, en bataillons et en navires montés pour l'armée et la flotte fédérales. — Indemnité pour les navires fournis.

« Nomination des chefs de l'armée et de la flotte dont les forces sont fixées au tiers de la plus forte armée et de la plus grande flotte actuelle.

« Dispositions de ces forces. — Budget.

« Licenciement des deux tiers ou des trois quarts des armées permanentes.

« Désarmement des navires qui, pour chaque nation, seraient en excédant sur la force de la flotte fédérale, etc. »

Le projet n'est pas impossible comme pourraient le dire des hommes de routine et de peu de foi. Il est seulement difficile. Mais toute idée juste, vraie, humaine, triomphe tôt ou tard.

Il se trouvera certainement parmi les ministres illustres qui sont à la tête des grands Etats, un homme assez convaincu et assez influent pour proposer, soutenir et faire adopter par les diverses nations, les statuts de la confédération européenne.

Dole, février 1885.

BUDIN.

ARGUMENTS

J'avais tracé ce projet à grandes lignes, sans développe-
ment, pour qu'on pût le saisir d'un seul coup d'œil, quand
on m'avertit que l'abbé de Saint-Pierre avait eu la même
idée.

On trouve, en effet, un projet identique dans les œuvres
de J.-J. Rousseau (T. 12, p. S7 et suiv., Guillaume éditeur,
Paris, 1819).

Rousseau qui se dit l'interprète ou le traducteur de l'abbé
a traité cette question avec son talent habituel, sous le
titre :

« *Projet de paix perpétuelle* (1). »

Voici le texte du traité proposé :

« Article premier. — Les souverains contractants établi-
ront entr'eux une alliance perpétuelle et irrévocable et
nommeront des plénipotentiaires, pour tenir, dans un lieu
déterminé, une diète ou un congrès permanent dans lequel
tous les différends des parties contractantes seront réglés et
terminés par voie d'arbitrage ou de jugement.

« Art. 2. — On spécifiera le nombre des souverains dont
les plénipotentiaires auront voix à la diète ; ceux qui seront
invités d'accéder au traité, l'ordre, le temps et la manière
dont la présidence passera de l'un à l'autre par intervalles

_____

(1) J'avoue à ma honte que je n'en avais pas connaissance. Je suis
depuis 1841 inspecteur de l'Union contre l'incendie et je n'ai eu que
trop peu de loisirs pour l'étude.

égaux, enfin la quotité relative des contributions et la manière de les lever pour fournir aux dépenses communes.

« Art. 3. — La confédération garantira à chacun de ses membres la possession et le gouvernement de tous les états qu'il possède actuellement de même que la succession élective ou héréditaire selon que le tout est établi par les lois fondamentales de chaque pays ; et pour supprimer tout d'un coup la source des démêlés qui renaissent incessamment, on prendra la possession actuelle et les derniers traités pour base de tous les droits mutuels des parties contractantes ; renonçant pour jamais et réciproquement à toute autre prétention antérieure ; sauf les successions futures contagieuses et autres droits à échoir qui seront tous réglés à l'arbitrage de la diète, sans qu'il soit permis de s'en faire raison par voie de fait, ni de prendre jamais les armes l'un contre l'autre sous quelque prétexte que ce puisse être.

« Art. 4. — On spécifiera le cas où tout allié infracteur du traité serait mis au ban de l'Europe et proscrit comme ennemi public savoir, s'il refusait d'exécuter les jugements de la Grande-Alliance; qu'il fît des préparatifs de guerre; qu'il négociât des traités contraires à la confédération; qu'il prit les armes pour lui résister ou pour attaquer quelqu'un des alliés.

Il sera encore convenu qu'on armera et agira effectivement, conjointement et à frais communs, contre tout état au ban de l'Europe jusqu'à ce qu'il ait mis bas les armes et exécuté les jugements et règlements de la diète, réparé les torts, remboursé les frais et fait raison même des préparatifs de guerre contraires au traité.

« Art. 5. — Les plénipotentiaires pourront.... après cinq ans, aux trois quarts des voix, sur les instructions de leurs Cours, former les règlements qu'ils jugeront importants pour procurer à la République européenne et à chacun de ses membres tous les avantages possibles, mais on ne

pourra rien changer à ces cinq articles fondamentaux que
du consentement unanime des confédérés. »

Il n'est pas question dans ces articles de contingents fédé-
raux, d'armée fédérale, mais il en est parlé dans l'exposé
du projet, en ces termes :

« Je sais encore qu'il y aura un contingent à fournir à la
« confédération tant pour la garde des frontières de l'Eu-
« rope que pour l'entretien de l'armée confédérative, des-
« tinée au besoin à soutenir les décrets de la diète. »
(P. 116.)

Les ennemis de l'Europe alors c'étaient le Turc et les
Corsaires africains.

C'est absolument la même idée, habillée chez Rousseau
à la mode de 1760 et portant chez moi le costume mo-
derne.

En 1760, les souverains étaient absolus, les peuples ne
comptaient pas et n'avaient d'autres représentants que leurs
maîtres. — Les Républiques étaient gouvernées par des
aristocraties, presque héréditaires.

Le congrès permanent de l'abbé n'est composé que d'un
seul plénipotentiaire par Etat qui tour à tour obtient la
présidence. Et les États sont immobilisés. Ils ne peuvent ni
se réunir, ni se séparer, ni rien changer à leur mode de
gouvernement.

Je propose au contraire que le conseil fédéral soit une
représentation proportionnelle des peuples et que les peuples puissent modifier leurs constitutions, s'unir ou se diviser à la suite de votes réguliers admis par le conseil.

— Dans l'un et l'autre projet, la confédération est suffi-

samment armée pour se faire obéir, pour comprimer toute
révolte, anéantir toute ligue.

L'abbé donne la liste des puissances qui doivent composer
la République européenne.

1º L'empereur des Romains,
2º   »   de Russie,
3º Le Roi de France,
4º »   d'Espagne,
5º »   d'Angleterre,
6º Les Etats-Généraux,
7º Le Roi de Danemark,
8º La Suède,
9º La Pologne,
10º Le Roi de Portugal,
11º Le Souverain de Rome,
12º Le Roi de Prusse,
13º L'Electeur de Bavière et ses co-associés,
14º L'Electeur Palatin et ses co-associés,
15º Les Suisses et leurs co-associés,
16º Les Electeurs ecclésiastiques et leurs co-associés,
17º La République de Venise et ses co-associés.
18º Le Roi de Naples,
19º Le Roi de Sardaigne.

On remarque ici que le Turc est passé sous silence.

— Par co-associés, l'abbé entend de petits états qui se
joindraient à d'autres plus petits pour former un groupe
ayant une voix au congrès : la République de Gênes, les
Ducs de Modène, de Parme, etc.

— Il ajoute naïvement qu'il est inutile de rendre cette

énumération plus précise parce que jusqu'à l'exécution du projet, il peut survenir d'un moment à l'autre des accidents sur lesquels il faudrait la réformer.

— Et il en est survenu, depuis l'abbé de Saint-Pierre, des accidents, des ravages, des ruines, des cataclysmes, des groupements, des divisions, des bouleversements.

Et ceux qui les ont faits n'en ont pas profité.

Qui pourrait dire combien de centaines de mille hommes ont été tués et combien de milliards engloutis dans les guerres, depuis 1760.

Les cinq articles sont précédés et suivis de nombreuses considérations, où l'abbé montre les inconvénients de la situation où se trouvent les gouvernements de rester toujours armés en prévision ou en crainte d'une guerre :

1° Nul droit assuré que celui du plus fort ;

2° Changements continuels de relations entre les peuples ;

3° Pas de sécurité aussi longtemps que les voisins ne sont pas anéantis ;

4° Impossibilité de les anéantir, parce que les premiers étant subjugués, il s'en trouve d'autres ;

5° Précautions et frais immenses pour se tenir sur ses gardes ;

6° Défaut de force et de défense contre les révoltes ;

7° Défaut de sûreté dans les engagements mutuels ;

8° Jamais de justice à espérer d'autrui ;

9° Risques de ses états et quelque fois de sa vie dans la poursuite de ses droits ;

10° Nécessité de prendre part dans les querelles de ses voisins ;

11° Interruption du commerce et des ressources publiques ;

12° Danger continuel de la part d'un voisin puissant, si l'on est faible ;

13° Danger d'une ligue, si l'on est fort ;

14° Inutilité de la sagesse ;

15° Désolation continuelle des peuples ;

16° Affaiblissement de l'Etat dans le succès et dans les revers ;

17° Impossibilité de compter sur son propre bien et d'établir un bon gouvernement, etc.

Il récapitule ensuite les avantages de la confédération :

« 1° Certitude que tous les différends qui pourront survenir seront terminés sans aucune guerre ;

« 2° Affermissement des possessions par la mise à néant des prétentions antérieures ;

« 3° Sûreté entière et perpétuelle de la personne du Prince, de sa famille, de ses Etats, de l'ordre de succession fixé par les lois, tant contre l'ambition de prétendants injustes que contre la révolte de sujets rebelles ;

« 4° Sûreté parfaite de l'exécution de tous les engagements réciproques entre prince et prince ;

« 5° Liberté et sûreté parfaite du commerce dans tous les Etats ;

« 6° Suppression totale des dépenses extraordinaires des armées pour le temps de guerre, — et réduction considérable de ces dépenses en temps de paix ;

« 7° Progrès sensible de l'agriculture, de la population et des richesses de l'Etat ;

« 8° Facilité de fonder des établissements pour augmenter

l'autorité du souverain, les ressources publiques et le bonheur des peuples etc. »

Ces motifs peuvent encore être invoqués aujourd'hui.

Rousseau donne son jugement personnel sur cette œuvre. Il l'approuve vivement, mais il craint que les rois et surtout leurs ministres s'opposent à son exécution parce que leurs pouvoirs en seraient affaiblis et qu'ils ne veulent pas *juger les raisons par la raison....*

Il fait remonter l'idée d'une République européenne à Henri IV et à Sully (1598-1610).

On devait d'abord abattre la puissance colossale des maisons d'Espagne et d'Autriche qui, héritières de Charles-Quint, régnaient sur la moitié de l'Europe et terrifiaient l'autre. Il s'était fait dans ce but de grands préparatifs de guerre, et formé une ligue nombreuse : France, Angleterre, Suède, l'Electeur Palatin et plusieurs princes Allemands, le Duc de Savoie et le Pape.

Il n'est pas impossible qu'au bout de cette longue et terrible guerre, les royaumes étant autrement limités et répartis, le projet d'une fédération générale de paix ait pu se réaliser.

Mais à mon humble avis, ce n'est pas par des massacres et des ruines que s'établira l'union des Etats de l'Europe. C'est par la raison, la sagesse, la persuasion.

La constitution de l'Union exige moins de génie, d'efforts et de sacrifices que la préparation et la conduite à bien d'une guerre, même rapide, contre un peuple de moyenne puissance.

Dole, mars 1885. BUDIN.

ERRATA

Page 24, ligne 25. — *autre revanche* lire : *contre-revanche.*

Page 25, ligne 6. — *agiles* lire *aigles.*

Page 26, ligne 6. — *dissentimenis* lire *dissentiments.*

Page 28, ligne 23. — *des frontières des Côtes* lire *des frontières, des côtes*

DOLE, IMP. A. FLUSIN

376

www.ingramcontent.com/pod-product-compliance
Lightning Source LLC
Chambersburg PA
CBHW071011280326
41934CB00009B/2265